AF537798

FISCHER SAUERLÄNDER

Johannes Lauterbach ist der Entspannungsexperte. Er zeigt Menschen, wie sie sich jederzeit und an jedem Ort aktiv entspannen können. Er war viele Jahre Moderator beim RBB und bietet heute als Gesundheits-, Logosynthese- und Lifecoach Seminare zu den Themen Stressbewältigung, Achtsamkeit und Selbstfürsorge an.

Henning Löhlein ist in Bonn aufgewachsen und hat in Südfrankreich Kunst und Design studiert. Durch einen Studienaustausch kam er nach England, wo er die Illustration für sich entdeckte. Die Lebensweise und der Humor der Engländer gefielen ihm so gut, dass er auch heute noch in Bristol lebt und arbeitet.

Weitere Informationen zum Programm von Fischer Sauerländer auf
www.fischer-sauerlaender.de

JOHANNES LAUTERBACH

Kuschelzeit mit BABUBA

Geschichten zum Ausruhen und Loslassen

Mit Illustrationen von Henning Löhlein

FISCHER SAUERLÄNDER

Inhalt

Liebe Vorleser*innen,

auch schon für kleine Kinder kann das Leben ganz schön stressig sein. Auf Daueraction und permanente Abwechslung gepolt, sind sie ständig unter Strom und merken kaum noch, wenn sie Pausen brauchen. Sie sind aufgedreht und gleichzeitig ziemlich erschöpft. Oft geht dann abends gar nichts mehr, und das Einschlafen fällt schwer. Deshalb ist es gut, wenn sich Kinder auch mal tagsüber entspannen. Eine gute Entspannungsmöglichkeit ist, den Kindern etwas vorzulesen, eine Geschichte, die sie beruhigt und zugleich fesselt.
Hier setze ich mit meinen Babuba-Geschichten an. Das Besondere bei Babuba: Die Kinder nehmen aktiv an den Geschichten teil – zumindest in ihrer Fantasie. Sie fliegen mit Babuba ins Universum und erleben dort kleine Abenteuer mit ihm. In jeder Geschichte gibt es zwei kurze Sequenzen, die dabei helfen, zur Ruhe zu kommen. Damit führe ich die Kinder spielerisch an Entspannungstechniken heran.
Vorlesen ist mehr als nur lautes Lesen. Es ist eine gemeinsame Reise, bei der die Kinder unsere volle Aufmerksamkeit haben. Stress oder kleine Streitereien, die wir vielleicht vorher mit-

einander hatten, sind dann ganz schnell vergessen. Vorlesen schafft Nähe, Vertrauen und stärkt die Beziehung zu unseren Kindern.

Und Vorlesen hat auch noch andere positive Effekte. Kinder begegnen in den Geschichten neuen Begriffen und Formulierungen. Dadurch vergrößert sich ganz automatisch ihr Wortschatz. Sie lernen in den Geschichten unterschiedliche Gefühle und Gedanken ihrer Held*innen kennen und verstehen. Das hilft ihnen beim Umgang mit anderen Kindern – auch wenn es mal Konflikte gibt. Sie lernen, für eine längere Zeit aufmerksam zu sein und Informationen aufzunehmen – zwei wichtige Fähigkeiten, die ihnen später in vielen Bereichen ihres Lebens helfen werden. Sie stellen sich in ihrer Fantasie vor, wie die beschriebenen Figuren und die Welt in den Geschichten aussehen, und spinnen oder spielen die Geschichten weiter. Kreativität und freies Denken werden gefördert.

Das Wichtigste beim Vorlesen ist für mich allerdings die schöne Zeit, die wir in entspannter Atmosphäre mit unseren Kindern verbringen.

Noch ein kleiner Hinweis an euch: Bitte behaltet auch während der kurzen Entspannungsübungen in den Geschichten (*blau-kursive Schrift*) euren ganz normalen Vorlesestil bei. Versucht nicht, besonders beruhigend zu sprechen. Bleibt ganz natürlich, entspannt – und liebevoll. Ihr könnt die Entspannungsübungen auch kürzen und nur ein, zwei oder drei Entspannungssätze vorlesen. Oder ihr überspringt die Übungen und lest einfach weiter die Geschichte vor. Macht es so, wie es sich in der Situation für euch am besten anfühlt.

Ein weiterer Tipp: An manchen Tagen sind eure Kinder vielleicht besonders aufgedreht und voller Energie. Dann lasst sie vor der Lesezeit ruhig ein bisschen hüpfen und springen, die Arme, Hände und Beine ausschütteln oder sich einfach nur mal kräftig strecken und herzhaft gähnen. Alles ist erlaubt :)

Johannes Lauterbach

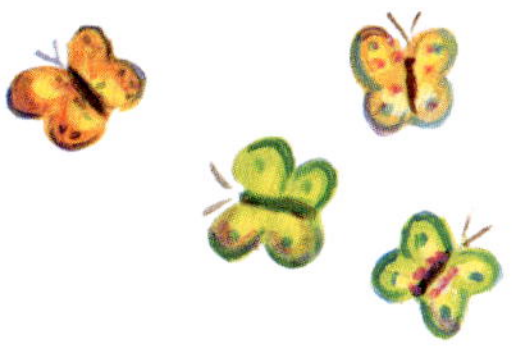

Babuba und die Stadt der Delfine

Immer, wenn dich ein Sonnenstrahl an der Nase kitzelt und du ein leises freundliches Brummen hörst, dann ist vielleicht Babuba bei dir gelandet, um dich zu einer kleinen Reise abzuholen.

Babuba sieht fast so aus wie ein großer Bär. Er hat dickes goldenes Fell mit roten Punkten, die im Dunkeln leuchten, und am Bauch hat er eine Art Beutel – genau wie ein Känguru. Kängurus tragen ihre Babys darin, bis sie groß genug sind, um allein umherzuhüpfen. Babubas Beutel ist noch ein bisschen größer, und es ist kuschelig warm und richtig schön gemütlich darin.

Babuba lebt auf dem Planeten Tum-Tum, der am Rande unserer Milchstraße um eine große goldene Sonne kreist. Die Bewohner von Tum-Tum, die Tum-Tumianer, können fliegen oder besser gesagt: Sie wünschen sich irgendwohin, und *schwuppdiwupp* sind sie auch schon da. Auch Babuba kann fliegen, und da es ihm auf Tum-Tum meist zu langweilig ist, wünscht er sich ganz oft zu seinen Freunden auf die Erde.

Manchmal kommt er nachts, manchmal aber auch tagsüber. Heute ist Babuba bei dir gelandet. Wenn du Lust hast, kannst du jetzt mit ihm zu einem weit entfernten Planeten fliegen. Ihr besucht Babubas Freunde und erlebt miteinander ein kleines Abenteuer.

Stell dir einfach vor, du kletterst in Babubas Beutel – so dass nur noch dein Kopf rausguckt. Mit deinen Händen kannst du dich am oberen Rand des Beutels festhalten. Wenn du willst, kannst du auch dein Lieblingsstofftier, eine Kuscheldecke oder ein kleines Kissen mitnehmen. Mach es dir richtig gemütlich.

Jetzt geht eure Reise los. Wie immer, wenn Babuba startet, streckt er seinen linken Arm in die Luft, zählt bis drei und wünscht sich dann aus dem Haus hinaus. Wenn du willst, kannst du mitzählen. Also: Eins, zwei, drei – und los!
Super, es hat wieder geklappt! Ihr seid aus dem Haus hinausgeflogen und schwebt über den Dächern der Stadt. Du siehst unter dir Häuser, Straßen, Autos und Bäume im Sonnenlicht. Ganz schön viel Betrieb da unten! Das lasst ihr jetzt alles hinter euch.
Langsam fliegt ihr immer höher. Unter dir wird alles immer kleiner. Ihr fliegt höher und höher. Immer höher. Du schaust noch mal nach unten und siehst die Erde jetzt unter dir. Sie ist bald nur noch ein kleiner Punkt.

Ihr seid jetzt im Weltraum. Um dich herum sind viele Sterne: große und kleine, helle und weniger helle Sterne. Manche sind in deiner Nähe, andere sind ganz weit weg. Ihr fliegt weiter und weiter durch den Weltraum. Du weißt, bei Babuba bist du sicher und geborgen. Du spürst, wie er ein- und ausatmet und dabei leise brummt. Das macht er immer, wenn er glücklich und zufrieden ist.

Und auch du kannst deinen Atem spüren.
Er kommt und geht, er strömt ein und aus,
ganz ruhig und gleichmäßig, ganz von allein.
Er strömt in deine Nasenlöcher rein
und wieder raus,
deine Brust hebt und senkt sich,
auch dein Bauch hebt und senkt sich.

Du merkst, wie leicht und schön es ist, auszuatmen
und beim Ausatmen alle Luft loszulassen.
Sie verschwindet einfach im Weltraum.

Ihr fliegt immer weiter, immer weiter durch den Weltraum.
Du atmest ein und aus.
Dein Atem kommt und geht,
und du fühlst dich einfach wohl.

Babuba fliegt jetzt auf einen großen hellblauen Lichtstrahl zu. Als ihr in den Lichtstrahl eintaucht, werdet ihr wie von einem Fluss sanft mitgetragen. Um euch herum sind jetzt viele kleine glitzernde, leuchtende Luftbläschen. Wenn sie dein Gesicht berühren, ist das sehr angenehm – so als ob du ganz liebevoll gestreichelt wirst. Babuba erklärt dir, dass euch der blaue Lichtstrahl zu einem weit entfernten Ort im Weltraum bringen wird. Du bist neugierig, was dich dort erwartet.

Nach einer Weile taucht dann vor euch ein hellblauer Planet auf. Er ist das Ziel eurer Reise. Du siehst, dass dort, wo der Lichtstrahl auf den Planeten trifft, viele leuchtende Funken entstehen. Das sieht toll aus – ähnlich wie bei einer Wunderkerze. Ihr nähert euch dem Planeten immer weiter.
Babuba bereitet jetzt die Landung vor. Dafür streckt er seine Arme zur Seite aus – so als ob er auf einem Skateboard stehen würde –, und langsam schwebt ihr hinunter. Du siehst von oben, dass fast der ganze Planet aus Wasser besteht. Es gibt nur einige wenige Inseln mit kleinen Sandbuchten.
Babuba entscheidet sich beim Anflug für eine kleine, fast runde Insel, auf der einige Palmen wachsen. Ihr landet ganz weich auf dem kleinen Strand, und du krabbelst aus Babubas Beutel heraus. Auf dem Planeten ist es angenehm warm. Ein leichter Luftzug streichelt deine Arme und dein Gesicht.
Plötzlich wird Babuba nass gespritzt. Du siehst die Tropfen auf seinem Fell im Sonnenlicht glitzern. Zwei Delfine spritzen mit ihren Schnauzen Wasser zu euch rüber und schnattern fröhlich. Babuba kennt die beiden. Er erklärt dir, dass sie Li und La heißen. La ist der größere, Li der kleinere Delfin.
Natürlich kann Babuba die Delfinsprache, und er übersetzt das Schnattern für dich: »Li und La wollen dir ihre Unterwasserwelt zeigen. Sie laden dich zu einer kleinen Rundreise ein«, sagt er. Das ist ein wirklich tolles Angebot! Denn bisher hat noch kein Kind die weiße Stadt der Delfine gesehen.

Ihr springt in das warme Wasser und stellt dabei fest, dass das Wasser euch super trägt. Ihr braucht gar keine Schwimmbewegungen zu machen, könnt euch einfach treiben lassen. Richtig cool ist das.

Du legst dich jetzt auf Lis Rücken und hältst dich gut an seiner Rückenflosse fest. Babuba macht es sich auf Las Rücken bequem. Bevor es losgeht, setzt du dir noch eine Taucherbrille auf, mit der du unter Wasser sehen kannst. Auch Babuba hat jetzt eine so eine Taucherbrille auf. Sie ist natürlich viel größer als deine.

Mit einem leichten Ruck schwimmt ihr jetzt los. Es macht großen Spaß, sich von einem Delfin durchs Wasser ziehen zu lassen. Außerdem sind Li und La wirklich gute Schwimmer. Babuba erklärt dir, dass du unter Wasser atmen kannst, es ist ganz einfach, und das Wasser ist schön warm.

Schon nach kurzer Zeit liegt die Stadt der Delfine vor euch. Mehrere hundert Delfine leben hier. Ihre Häuser und Türme sind alle weiß und rund. Sie liegen nur knapp unter der

Wasseroberfläche. Ihr taucht unter und schaut euch die Stadt etwas genauer an: Jedes Gebäude hat eine Art Schornstein. Das ist so ein beweglicher dicker Schlauch, der bis zur Wasseroberfläche reicht und die Häuser mit frischer Luft versorgt. Das ist wichtig, denn Delfine brauchen ja Luft zum Atmen – genauso wie wir Menschen. Die Räume sind deshalb auch nur zur Hälfte mit Wasser gefüllt.

Die Fenster und Türen der Häuser sind rund. Durchsichtige Vorhänge verhindern, dass Wasser in die Häuser eindringt und die Delfinbetten nass werden. Die Betten sehen aus wie kleine weiße Wolken. Babuba erklärt dir, dass Delfine die ganze Zeit im Wasser sind, nur zum Schlafen halten sie sich in ihren Häusern auf.

Ihr schwimmt weiter durch die Stadt, und du siehst Plätze, auf denen Delfine zusammen sind und sich unterhalten. Sie sprechen über das große Wasserfest, das jedes Jahr in der Stadt der Delfine gefeiert wird. Morgen findet es wieder statt. Beim Wasserfest ist immer ganz viel los: Überall treten Bands auf. Es wird getanzt. Es gibt leckeres Essen, und alle Delfine verkleiden sich, beispielsweise als Seesterne oder Krebse. Schon seit Tagen wird das Sportstadion der Stadt für das Fest mit Schlingpflanzen und bunten Muscheln geschmückt.

Ihr kommt jetzt an der Delfinschule vorbei. Natürlich findet der Unterricht im Freien statt – direkt auf dem sandigen Meeresboden. Die zehn kleinen Delfine hören ihrer Lehrerin aufmerksam zu. Sie erklärt ihnen gerade, wie sie durch den besseren Einsatz ihrer Schwanzflossen noch schneller durchs Wasser gleiten können.

Ihr schwimmt weiter und erreicht schon bald die nächste Station eurer kleinen Rundreise: Es ist der weiße Wald. Er liegt am Rande der Stadt. Du staunst über die großen weißen Korallenbäume vor euch. Sie sehen aus wie Bäume im Winter, wenn auf den Ästen Schnee liegt. Hier leben viele kleine Fische. Es gibt auch Seesterne, lustige Seepferdchen und bunte Meereskugeln. Die Kugeln sind nicht viel größer als deine Hand. Wenn sie durchs Wasser kugeln, machen sie ein pfeifendes Geräusch und leuchten in den unterschiedlichsten Farben. Die kleinen Meereskugeln leuchten gelb oder orange, und die größeren sind rot oder auch grün. Babuba erklärt dir, dass es diese Meereskugeln nur hier auf diesem Planeten gibt.

Die Delfine wollen euch jetzt noch ihren Lieblingsplatz zeigen. Ein kleiner weißer Sandstrand ganz in der Nähe der Stadt. Das Besondere an diesem Strand: Er ist unsichtbar! Die feinen Sandkörner des Strandes sind fast durchsichtig. Nur wenn du weißt, wo der Strand ist, kannst du ihn finden. Aber euch begleiten ja Li und La, und sie wissen natürlich genau, wo der Strand ist. Und trotzdem: Erst im letzten Moment seht ihr ihn. Der Strand ist ziemlich klein. Vielleicht drei- bis viermal so groß wie euer Sofa. Der Sand des Strandes schimmert ein klein wenig im Sonnenlicht. Babuba legt sich sofort in den Sand und streckt seine Arme und Beine aus. Und es dauert nicht lange, bis er eingeschlafen ist. Du legst dich neben ihn und spürst, wie weich und warm der durchsichtige Sand ist. Das ist richtig schön. Du schließt deine Augen und genießt die Wärme des Sandes.

Die Wärme macht dich angenehm schwer.
Spür mal, wie die Wärme dich ganz und gar umgibt.
Das ist sehr angenehm.
Du atmest ein und aus.
Und mit jedem Atemzug wirst du ruhiger, immer ruhiger,
ganz entspannt, locker und zufrieden.

Du bist ganz ruhig;
angenehm schwer, angenehm warm.
Ganz entspannt, locker und zufrieden.

Dein ganzer Körper ist angenehm schwer;
angenehm warm,
ganz entspannt und locker.

Angenehm schwer, angenehm warm,
ganz entspannt, locker und zufrieden.

Du bist ganz ruhig …
Angenehm schwer, angenehm warm.
Vollkommen entspannt, locker und zufrieden.

Nach einer Weile stupst dich Babuba mit seiner großen Tatze vorsichtig an. »Es ist Zeit, nach Hause zu fliegen«, brummt er. Du streckst dich und gähnst herzhaft. Du fühlst dich richtig gut erholt – und ein klein bisschen freust du dich jetzt auch schon auf dein Zuhause. Zum Abschied haben Li und La noch ein Geschenk für dich. Sie schenken dir ein paar durchsichtige Sandkörner. Babuba freut sich für dich.

»Das ist ein toller Glücksbringer. Wenn du mal ein wenig traurig oder müde bist, dann brauchst du die kleinen Sandkörner nur in die Hand zu nehmen, und gleich geht es dir besser«, erklärt er dir.

Du bedankst dich bei Li und La für das Geschenk und auch für die tolle Tour durch die Stadt der Delfine und kletterst dann in Babubas Beutel. Zum Start hebt Babuba wieder seinen linken Arm, zählt bis drei: Eins, zwei, drei – und schon fliegt ihr los. Du schaust nach unten und winkst Li und La noch einmal zu.

Ihr fliegt immer höher, und schon bald taucht Babuba wieder in den blauen Lichtstrahl ein, der euch zum Planeten der Delfine gebracht hat. Ganz entspannt lasst ihr euch im blauen Licht zur Erde treiben. Die kleinen leuchtenden Luftblasen, die um euch herum sind, berühren wieder sanft dein Gesicht. Das ist sehr angenehm und auch ein wenig erfrischend.

In dem blauen Lichtstrahl trefft ihr noch andere Lebewesen. Der Lichtstrahl ist nämlich so eine Art Straße für alle, die im Weltraum unterwegs sind. Auch eine Schildkrötenfamilie nutzt den Lichtstrahl. Langsam kommen sie auf euch zugeflogen. Die Schildkrötenmama und der Schildkrötenpapa und ihre fünf Kinder sind auf dem Weg zum Planeten der Delfine.

Das ist ihr erster Besuch dort, und sie freuen sich schon auf den warmen Sand des unsichtbaren Strandes. Babuba erklärt ihnen noch mal genau, wie sie den Strand am besten finden können. »Wenn ihr mehr über den Strand wissen wollt, fragt einfach Li und La. Die helfen euch auf jeden Fall.«
Ihr fliegt immer weiter durch den Weltraum. Babuba verlässt jetzt den blauen Lichtstrahl, und nachdem er einen großen Bogen um den Mond gemacht hat, siehst du auch schon die Erde, deine Heimat. Du staunst, wie rund und blau die Erde von oben aussieht. Du erkennst die Kontinente, die blauen Ozeane, zum Teil verdeckt von großen weißen Wolken.

Langsam, ganz langsam schwebt ihr hinunter. Du kannst jetzt alles schon deutlich sehen: die Häuser, Bäume, Straßen und Autos. Und mit einem Mal bist du wieder zu Hause. Eine supersanfte Landung war das!
Babuba hebt dich aus seinem Beutel und setzt sich noch mal neben dich. Und nachdem er dir versprochen hat, dich bald wieder zu besuchen, fliegt er zurück zu seinem Heimatplaneten Tum-Tum am Rande der Milchstraße.
»Tschüs, Babuba«, rufst du ihm hinterher. In deiner Hand hältst du die durchsichtigen Sandkörner, die dir Li und La geschenkt haben.

Du lächelst, und du weißt,
dass alles gut ist.

Babuba und der Traumtiger

Toll, Babuba hält sein Versprechen. Beim letzten Mal hatte er dir ja versprochen, dich wieder zu besuchen. Und jetzt ist er da – so wie du ihn kennst: Auf seinem dicken goldenen Fell leuchten viele rote Punkte, und am Bauch hat er einen großen Beutel, in dem es so schön kuschlig ist.

Du weißt ja, normalerweise lebt Babuba auf dem Planeten Tum-Tum, der weit entfernt von der Erde um eine große goldene Sonne kreist. Aber weil er fliegen kann und gerne unterwegs ist, besucht er ganz oft seine Freunde auf anderen Planeten. Heute ist er bei dir gelandet und lädt dich zu einem kleinen Abenteuer ein.

Also wenn du Lust hast, kletterst du jetzt wieder in Babubas Beutel – und zwar so, dass nur noch dein Kopf rausguckt. Mit deinen Händen kannst du dich am oberen Rand des Beutels festhalten. Wenn du willst, kannst du auch dein Lieblingsstofftier, eine Kuscheldecke oder ein kleines Kissen mitnehmen. Mach es dir wieder richtig gemütlich.

Jetzt geht eure Reise los. Babuba streckt seinen linken Arm in die Luft, zählt bis drei und wünscht sich dann aus dem Haus hinaus. Wenn du willst, kannst du mitzählen. Also: Eins, zwei, drei – und los!

Super, es hat geklappt. Ihr seid aus dem Haus hinausgeflogen und schwebt über den Dächern der Stadt. Unter dir siehst du Häuser, Straßen, Autos und Bäume im Mondlicht. Du spürst den Wind in deinen Haaren, und du fühlst dich richtig wohl. Wenn du nach oben schaust, siehst du am Himmel viele kleine Sterne. Und auch den Mond kannst du sehen.

Langsam fliegt ihr immer höher. Die Häuser, Straßen und Bäume werden immer kleiner. Ihr fliegt höher und höher. Immer höher. Die Erde liegt jetzt unter euch. Du siehst die blauen Ozeane und die Kontinente. Von hier oben kannst du es ganz deutlich erkennen: Auf der Erde gibt es viel mehr Wasser als Land.

Ihr seid jetzt im Weltraum. Du fühlst dich leicht und staunst über die vielen Sterne. Da sind große und kleine, helle und weniger helle Sterne. Manche sind in deiner Nähe, andere sind ganz weit weg. Du schaust zurück und siehst die Erde nur noch als kleinen blauen Punkt. Ihr fliegt weiter und weiter, und du kuschelst dich in Babubas Beutel ein. Bei Babuba bist du sicher und geborgen. Ihr seid ein tolles Team. Du spürst, wie Babuba ein- und ausatmet und dabei leise brummt. Das macht er ja immer, wenn er richtig glücklich und zufrieden ist.

Und auch du kannst deinen Atem spüren.
Er kommt und geht, er strömt ein und aus,
ganz ruhig und gleichmäßig, ganz von allein.
Er strömt in deine Nasenlöcher rein und wieder raus,
deine Brust hebt und senkt sich,
auch dein Bauch hebt und senkt sich.

Du merkst, wie leicht und schön es ist, auszuatmen
und beim Ausatmen alle Luft loszulassen.
Sie verschwindet einfach im Weltraum.

Ihr fliegt immer weiter, immer weiter durch den Weltraum.
Du atmest ein und aus.
Dein Atem kommt und geht,
und du fühlst dich einfach wohl.

»Guck mal«, sagt Babuba nach einer Weile und zeigt auf einige flimmernde Punkte, die in großer Entfernung vor euch auftauchen. Erst kannst du nicht erkennen, was das ist. Aber ihr fliegt weiter darauf zu, und die Punkte werden immer größer. Wenig später erkennst du, dass es große Seifenblasen sind, die langsam durch den Weltraum schweben. Sie kommen von einem grünen Planeten. Dieser Planet ist das Ziel eurer Reise. Ihr seid jetzt ganz nah, und du siehst, dass die Seifenblasen aus einem großen Vulkan herausblubbern.

»Das ist Lido«, ruft dir Babuba freudestrahlend zu. Und er erklärt dir, dass Lido ein ganz lieber Vulkan ist, aus dem schon seit vielen Millionen Jahren Seifenblasen blubbern. Alle Lebewesen im Weltraum kennen Lido, und wer an ihm vorbeifliegt, der winkt ihm zu. Lido grüßt dann zurück, indem er noch ein paar Seifenblasen mehr macht. Und als Babuba ihm jetzt zuwinkt, gibt es gleich ein paar extragroße Seifenblasen.

Babuba fliegt in einem großen Bogen um den grünen Planeten, damit du dir alles schon mal ein bisschen von oben angucken kannst. Du siehst viele Bäume, kleine und große, ein richtiger Dschungel erwartet euch.
Babuba gleitet jetzt ganz geschmeidig über die Baumwipfel, und du kannst die Geräusche des Dschungels unter dir hören. Du hörst das lustige Rufen der Affen und das Grunzen der Wildschweine. Du hörst Frösche quaken, Papageien und andere Vögel zwitschern. Du hörst Elefanten trompeten, Grillen zirpen und noch viele andere Geräusche, die du nicht kennst.
»Dort unten lebt Toni Traumtiger mit seiner Familie«, sagt Babuba. »Toni ist ein guter Freund von mir. Bei meinem letzten Besuch habe ich ihm von dir erzählt. Er will dich unbedingt kennenlernen und dir seine Welt zeigen. Deshalb sind wir heute hier. Toni ist ungefähr zwei Jahre älter als du und superlieb. Bestimmt wartet er schon auf uns.«
Langsam schwebt ihr zwischen den hohen Bäumen hinunter. Babuba streckt seine Arme zur Seite aus und landet dann sicher auf einem schmalen Weg.
Toni hat euch schon aus der Ferne gesehen und kommt gleich angelaufen. Er ist ein wenig größer als du. Sein Fell ist goldbraun mit einem tollen Tigerstreifenmuster. Er hat fröhliche, liebe Augen, pelzige Tatzen und eine lustige Stupsnase. Er sieht richtig freundlich aus, und du magst ihn sofort.

Ihr begrüßt euch, und dann will dir Toni auch schon gleich seinen ersten Lieblingsplatz zeigen. Er ist ein bisschen aufgeregt, Babuba klopft ihm deshalb beruhigend auf die Schulter. Zusammen geht ihr jetzt los. Der Weg schlängelt sich durch den Dschungel. Du merkst, dass Toni sich hier wirklich gut auskennt, und schon bald erwartet euch die erste Überraschung.

»Schaut mal«, ruft Toni euch zu, »der Weg, auf dem wir uns befinden, trennt Sonne und Regen.« Und er hat recht: Auf der einen Seite des Weges blitzen Sonnenstrahlen durch das Blätterdach der Bäume, und auf der anderen Seite regnet es. Wie

eine bunte Brücke hängt ein Regenbogen über dem Weg. Und es gibt noch eine Überraschung! Es ist nämlich kein normaler Regen. Die dicken Tropfen fallen nicht etwa von oben nach unten, wie du das von zu Hause, von der Erde kennst, sondern sie steigen langsam vom Waldboden nach oben. So, als ob die Regentropfen von einem Magneten hochgezogen werden. Ihr bleibt stehen und schaut staunend den aufsteigenden Regentropfen hinterher. Auch Babuba hat so etwas noch nie gesehen. »Hey, Toni, das ist richtig toll. Das ist einzigartig. So was gibt es nicht noch einmal.«

Ihr geht weiter. Der Weg durch den Wald ist wunderbar weich. Das ist zum Laufen superangenehm. Ihr müsst euch überhaupt nicht anstrengen. Vor euch liegt jetzt eine Lichtung. In der Mitte der Lichtung steht ein großer Laubbaum. Vor dem Baum gibt es einen kniehohen Stein, auf dem man gut sitzen kann. Toni und Babuba machen es sich gleich darauf bequem, und du setzt dich auf Babubas Schoß.

»Dieser Baum ist etwas ganz Besonderes«, erzählt Toni. »Es ist nämlich ein Jahreszeitenbaum. Passt auf, gleich geht es los.«

Neugierig beobachtest du den Baum vor dir. Er hat kräftige Äste und kleine Zweige mit vielen grünen Blättern, die sich leicht im Wind bewegen. Er hat einen kräftigen Stamm. Vielleicht kennst du ja einen Baum, der so ähnlich aussieht.

Während du den Baum betrachtest, beginnt er sich ganz langsam zu verändern. Zuerst werden die grünen Blätter gelb, orange und rot. Und dann werden sie braun. Der Wind frischt auf, und du siehst, wie die trockenen, verwelkten Blätter vom Baum herunterfallen. Erst nur einige wenige, dann immer mehr. Schon bald liegen alle Blätter auf dem Boden.

Während ihr drei es auf dem Stein angenehm warm habt, wird es rund um den Baum vor euch immer kälter und winterlicher. Du siehst kleine Schneeflocken fallen, und nach kurzer Zeit sind die kahlen Äste und Zweige des Baums schneebedeckt. Als ob irgendjemand sie mit Puderzucker bestreut hat.

Der Baum verändert sich weiter. Du siehst, wie der Schnee wieder schmilzt und der Frühling kommt. Es wird wärmer, Knospen sprießen, nach und nach kommen aus den Knospen frische zartgrüne Blätter. In den Ästen des Baums erwacht jetzt das Leben. Da sind kleine Vögel, die von Ast zu Ast hüpfen und zwitschern. Zwei Eichhörnchen spielen Fangen, und eine dicke Raupe knabbert schmatzend an einem Blatt.

Und der Baum verändert sich weiter. Schon bald ist alles so, wie es bei eurer Ankunft war, und die Zweige und Blätter des Baumes bewegen sich wieder leicht im Wind. »Na, habe ich euch zu viel versprochen?«, fragt Toni stolz. »Das ist doch wirklich ein cooler Baum, oder? Der einzige Jahreszeitenbaum, den es im ganzen Universum gibt.«

Ihr geht jetzt zurück in den Dschungel. Toni ist glücklich, dass ihr bei ihm seid. Er erzählt von seiner Familie, seinen Freunden und von seinem Leben im Dschungel. Damit du nicht so viel laufen musst, darfst du auf seinen Schultern sitzen. Das ist superlieb von ihm.

Hier im Dschungel gibt es auch einige große Bäume, die irgendwann einmal bei einem Sturm umgefallen sind. Die Dschungeltiere klettern jetzt gern auf ihnen herum und trainieren das Balancieren. Toni will dir zeigen, wie das geht. Er hebt dich von seiner Schulter und springt auf einen Stamm, um auf ihm hin- und herzubalancieren.

Eigentlich sieht das ganz einfach aus. Als du es es probierst, merkst du: Der Stamm ist ziemlich glatt. Zum Glück ist Babuba da und hilft dir. Toll, auf Babuba kannst du dich wirklich immer verlassen.

Vor deinem nächsten Versuch gibt dir Toni einen Tipp: »Du musst deine Arme ausstrecken, so wie es Babuba beim Landen macht. Dann kannst du besser dein Gleichgewicht halten.« Und Toni hat recht. So geht es viel besser. Du balancierst gleich mal mit Toni um die Wette. Das macht richtig Spaß. Zum Schluss springst du in Babubas Arme.

Dann geht ihr weiter. Toni führt euch zu einer kleinen Lichtung, auf der eine große goldene Schale steht. Sie sieht fast so aus wie eine Suppenschüssel und reicht dir bis zum Bauchnabel. »Das ist eine Zauberschale«, erklärt Babuba, der das von seinen früheren Besuchen weiß. »Wenn man sie berührt, dann … na, du wirst es gleich sehen. Probiere es einfach mal aus. Es kann nichts passieren. Du kannst dabei meine Hand halten.«

Langsam gehst du jetzt zur Schale und berührst sie vorsichtig mit deinem Zeigefinger. Ein leiser Ton ertönt. Und ein paar Sekunden später flattern viele bunte Schmetterlinge um die Schale herum. Einige setzen sich sogar auf ihren Rand. Die Schmetterlinge werden von dem Klang der Schale angezogen. Erst als du die Schale nicht mehr mit deinem Finger berührst und kein Ton mehr zu hören ist, flattern sie wieder zurück. Toni nickt dir zu und lacht: »Wie Babuba gesagt hat: Es ist eine Zauberschale.«

Toni ist richtig stolz, dass er dir so viele tolle Dinge zeigen kann. Seinen absoluten Lieblingsort hat er sich aber bis zum Schluss aufgehoben. Es ist sein Zuhause, wo er mit seinen Eltern und seinen Geschwistern lebt.

Toni ist jetzt auch wieder ein bisschen aufgeregt. Denn er lädt selten jemanden zu sich nach Hause ein. Nur wirklich gute Freunde dürfen ihn besuchen. Ihr müsst auch gar nicht mehr weit laufen. Der Weg macht noch eine Kurve nach links und dann noch eine nach rechts, und schon seid ihr da. Toni lebt mit seiner Familie in einer Höhle, die direkt an einem kleinen See liegt.

Mama und Papa Traumtiger erwarten euch schon vor ihrer Höhle, um euch zu begrüßen. Auch Tonis Geschwister kommen angerannt. Sie haben eine Traumtigerkindhöhle gegraben, ihr Fell ist noch ganz sandig. Ihr setzt euch alle gemütlich vor die Höhle, und Babuba und Toni erzählen, was ihr heute schon alles erlebt habt. Während ihr euch unterhaltet, wird es langsam dunkel. Schon bald funkeln am Himmel viele Sterne. »Wir haben Glück, es ist nicht eine einzige Wolke am Himmel«, freut sich Toni. »Heute kann man richtig gut die Traumschnuppen sehen.« Und dann erklärt er dir, dass es die Sterne ab und zu mal an der Nase kitzelt, und dann müssen sie niesen. Wenn sie niesen, entstehen kleine Traumschnuppen, die du manchmal am Nachthimmel sehen kannst. Sie leuchten nur ganz kurz auf und verschwinden dann wieder. Doch auf dem grünen Planeten ist das anders. Hier fallen die Traumschnuppen vom Himmel auf den sandigen Boden. Mit ein

bisschen Glück kann man sie sogar auffangen. Das ist gar nicht so einfach. Doch Toni ist der beste Traumschnuppenfänger auf dem ganzen Planeten.

Die Traumschnuppen, die hier vom Himmel fallen, sind ungefähr so groß wie Murmeln, nur leichter. Wenn Toni sie auffängt, funkeln und leuchten sie noch, und sie sind auch noch ein bisschen warm. Und das Tollste ist: Wenn du eine Traumschnuppe neben dein Bett oder unter dein Kopfkissen legst, hast du in der Nacht nur schöne Träume.

Toni möchte dir unbedingt eine Traumschnuppe schenken. Deshalb beobachtet er auch schon die ganze Zeit den Nachthimmel. Und er hat Glück: Da kommt schon die erste Traumschnuppe angeflogen. Sie ist leider ein bisschen zu weit weg und fällt mitten in den See. Als sie die Wasseroberfläche berührt, zischt es kurz, und dann ist sie weg. Diese Traumschnuppe konnte Toni wirklich nicht bekommen.

Doch heute ist eine wirklich gute Traumschnuppennacht: Da fällt auch schon die nächste vom Himmel. Die leuchtende Schnuppe kommt näher und näher. Sie fliegt direkt auf euch zu. Toni läuft mit weit ausgebreiteten Armen hin und her und versucht abzuschätzen, wo die Traumschnuppe runterkommen wird. Dann springt er hoch, fängt die Traumschnuppe mit beiden Pfoten auf und landet wieder sicher auf seinen Tatzen. Babuba und die ganze Familie Traumtiger klatschen.
»Das war klasse«, ruft Babuba.
Toni strahlt über beide Ohren. Er ist so glücklich, dass er es geschafft hat. Und wie versprochen, schenkt er dir die kleine Traumschnuppe. Sie funkelt und leuchtet und ist auch noch ein bisschen warm. Du hältst sie ganz fest in deiner Hand. Das ist wirklich ein tolles Geschenk. Danke, Toni!
Nun wird es Zeit, nach Hause zu fliegen. Ihr verabschiedet euch von Familie Traumtiger, und Toni verspricht dir, dass du ihn jederzeit wieder besuchen kannst: »Wenn du willst, kannst du auch mal bei uns übernachten. In unserer Höhle ist es richtig gemütlich. Frag mal deine Mama oder deinen Papa, ob sie das erlauben.« Glücklich und zufrieden und auch ein klein bisschen erschöpft kletterst du in Babubas Beutel. Wie immer hebt Babuba zum Start seinen linken Arm, zählt bis drei: Eins, zwei, drei – und schon fliegt ihr los. Du schaust nach unten und siehst Toni winken, und natürlich winkst du zurück. Ihr beide seid jetzt richtig gute Freunde.

Babuba fliegt noch einmal an Lido vorbei. Der freundliche Vulkan lässt zum Abschied gleich noch ein paar Seifenblasen mehr rausblubbern.
Kurze Zeit später ist der grüne Planet von Toni Traumtiger nur noch ein kleiner Punkt, und bald darauf ist er ganz verschwunden. Ihr seid jetzt wieder im Weltraum. Um dich herum sind viele Sterne, große und kleine. Du machst die Augen zu und fühlst dich richtig wohl. In Babubas Beutel ist es kuschlig warm. Angenehm warm.

Die Wärme macht dich schwer und müde.
Spür mal, wie die Wärme dich ganz und gar umgibt
und sich Müdigkeit in dir ausbreitet.
Das ist sehr angenehm. Du atmest ein und aus.
Mit jedem Atemzug wirst du ruhiger, immer ruhiger,
müde und zufrieden.

Du bist ganz ruhig,
angenehm schwer, angenehm warm.
Ganz entspannt, zufrieden und müde.

Dein ganzer Körper ist angenehm schwer;
angenehm warm, ganz entspannt, zufrieden und müde.

Ihr fliegt weiter und weiter, immer weiter Richtung Erde.
Du bist ganz ruhig und entspannt.
Angenehm schwer, angenehm warm,
ganz entspannt, zufrieden und müde.

Ganz ruhig …
Angenehm schwer, angenehm warm.

Vollkommen entspannt, zufrieden und müde.

Babuba fliegt noch einen großen Bogen um den Mond, und dann siehst du auch schon die Erde, deine Heimat. Zuerst noch ganz klein, aber die Erde wird schnell immer größer. Du staunst, wie rund und blau die Erde von oben aussieht. Du erkennst die Kontinente, die blauen Ozeane, zum Teil verdeckt von großen weißen Wolken.
Langsam, ganz langsam schwebt ihr hinunter. Du kannst alles schon deutlich im Mondlicht sehen: die Häuser, Bäume,

Straßen und Autos. Und mit einem Mal bist du wieder zu Hause. Eine supersanfte Landung war das!
Babuba hebt dich aus seinem Beutel und legt dich vorsichtig in dein Bett. Er setzt sich noch mal kurz auf die Bettkante, und nachdem er dir fest versprochen hat, dich bald wieder zu besuchen, fliegt er zurück zu seinem Heimatplaneten Tum-Tum am Rande der Milchstraße.
»Tschüs, Babuba«, sagst du gähnend und machst die Augen zu. Unter deinem Kopfkissen liegt die kleine Traumschnuppe, die dir Toni zum Abschied geschenkt hat.

Du lächelst, und du weißt, dass alles gut ist.

Babuba und Filafee

Toll, Babuba besucht dich wieder. Er sieht noch genauso aus wie beim letzten Mal: Auf seinem dicken goldenen Fell leuchten viele rote Punkte, und am Bauch hat er seinen großen Beutel, in den du hineinkrabbeln kannst.

Du weißt ja, Babuba kommt vom Planeten Tum-Tum, der weit entfernt von der Erde um eine große goldene Sonne kreist. Auf Tum-Tum ist es ihm allerdings meist zu langweilig, und weil er fliegen kann, besucht er ganz oft seine Freunde auf der Erde. Heute ist Babuba mal wieder bei dir gelandet.

Also wenn du Lust hast, kletterst du jetzt wieder in Babubas Beutel – und zwar so, dass nur noch dein Kopf rausguckt. Mit deinen Händen kannst du dich am oberen Rand des Beutels festhalten. Wenn du willst, kannst du auch dein Lieblingsstofftier, eine Kuscheldecke oder ein kleines Kissen mitnehmen. Mach es dir wieder richtig gemütlich.
Jetzt kann eure Reise losgehen. Wie immer wenn Babuba startet, streckt er seinen linken Arm in die Luft, zählt bis drei und wünscht sich dann aus dem Haus hinaus. Wenn du willst, kannst du ja wieder mitzählen. Also: Eins, zwei, drei – und los!
Super, es hat wieder geklappt. Ihr seid aus dem Haus hinausgeflogen und schwebt über den Dächern der Stadt. Du siehst unter dir Häuser, Straßen, Autos und Bäume im Sonnenlicht. Ganz schön viel Betrieb da unten! Das lasst ihr jetzt alles hinter euch.
Langsam fliegt ihr immer höher. Unter dir wird alles immer kleiner. Ihr fliegt höher und höher, immer höher.
Die Erde liegt jetzt unter euch. Du siehst die blauen Ozeane, die weißen Wolken und auch die Kontinente. Irgendwo dort unten lebst du.
Ihr seid jetzt im Weltraum. Du fühlst dich leicht, und du staunst über die vielen Sterne. Da sind große und kleine, helle und weniger helle Sterne. Manche sind in deiner Nähe, andere sind ganz weit weg.

Aber hier im Weltraum gibt es nicht nur Sterne. Ihr trefft auch viele Tiere, die du sonst nur im Zoo sehen kannst: Als Erstes fliegen einige Giraffen und Zebras an euch vorbei. Wenig später begegnen euch drei große, laut trötende Elefanten. »Dödö, dödö«, machen sie. Danach fliegen mehrere Schimpansen an euch vorbei. Sie schlagen Purzelbäume und lachen die ganze Zeit. Ihr trefft auch eine Löwenfamilie. Mama Löwe fliegt vorneweg, und dahinter folgt Papa Löwe mit zwei kleinen Löwenkindern im Arm. Alle Tiere winken euch fröhlich zu. Als Letztes schaukelt ein dickes Nilpferd gemütlich schmatzend an euch vorbei.

Babuba erklärt dir, dass auf dem Planeten Alta jedes Jahr einmal eine große Dschungelparty stattfindet. Und natürlich wollen alle Tiere des Weltraums dabei sein. Die Party geht sieben Tage und sieben Nächte. Eine ganze Woche lang werden die Tiere tanzen und Spaß haben.

Ihr fliegt immer weiter, und bald ist alles wieder ganz ruhig. Du spürst, wie Babuba ein- und ausatmet und dabei leise brummt. Du weißt ja, das macht er nur, wenn er richtig glücklich und zufrieden ist.

Und auch du kannst deinen Atem spüren.
Er kommt und geht, er strömt ein und aus,
ganz ruhig und gleichmäßig, ganz von allein.
Er strömt in deine Nasenlöcher rein und wieder raus,
deine Brust hebt und senkt sich,
auch dein Bauch hebt und senkt sich.

Du merkst, wie leicht und schön es ist, auszuatmen
und beim Ausatmen alle Luft loszulassen.
Sie verschwindet einfach im Weltraum.

Ihr fliegt immer weiter, immer weiter durch den Weltraum.
Du atmest ein und aus.
Dein Atem kommt und geht,
und du fühlst dich einfach wohl.

Bei Babuba bist du sicher und geborgen. Ihr beide seid ein tolles Team.
Langsam nähert ihr euch dem Ziel eurer Reise. Babuba fliegt noch einen großen Bogen, und dann siehst du vor dir einen weißen Planeten mit vielen hohen Bergen. Aber seltsam, an einigen Stellen hat der Planet lauter bunte Farbkleckse. Es sieht aus, als ob jemand mit Farbe gekleckert hat.
Bevor du weiter darüber nachdenken kannst, setzt

Babuba zur Landung an. Er streckt seine Arme seitlich aus – so als ob er auf einem Skateboard stehen würde – und landet dann sicher auf seinen großen Füßen. Ihr seid auf einem breiten Weg mitten in den Bergen gelandet. Du kletterst aus Babubas Beutel und schaust dich um: Die Felsen hier sind alle weiß und abgerundet. Es gibt große und kleine Felsen.
Die Luft hier in den Bergen ist frisch und klar. Der Himmel über dir ist blau, tiefblau. Der Weg, auf dem ihr gelandet seid, schlängelt sich durch die weißen Felsen. Babuba will dir etwas zeigen. Er nimmt deine Hand, und dann geht ihr los. Schon nach kurzer Zeit hörst du ein leises Zischen: *zsch, zsch,* macht es.

Babuba hat es auch gehört. Er zwinkert dir zu, und schon nach der nächsten Wegbiegung löst sich das Rätsel auf. Vor dir siehst du einzelne kleine Wölkchen, die dicht über dem Boden schweben. Immer, wenn sie den Boden leicht berühren, zischt es leise: *zsch, zsch!*

Die Wölkchen sind fast durchsichtig. Sie schimmern nur ein klein wenig silbrig und verändern ständig ihre Form: Mal sind sie eher länglich, dann ziehen sie sich wieder zu einer Kugel zusammen, um sich anschließend wieder auszudehnen. Alles geschieht ganz langsam wie in Zeitlupe.

Babuba erklärt dir, dass die Wölkchen keine normalen Wolken sind. »Es sind Lebewesen. Guck mal genau hin, dann kannst du ihre Gesichter sehen«, sagt er. Und Babuba hat recht. Die kleinen Wölkchen haben alle Augen, Nasen und Münder. Ihre Gesichter sehen aus wie lustige Smileys.

Babuba ruft einer kleinen Wolke etwas zu, und du merkst gleich, dass die beiden sich gut kennen. Denn die kleine Wolke schwebt lächelnd auf euch zu. »Das ist Timpi«, sagt Babuba. »Timpi besuche ich immer, wenn ich hier bin. Sie liebt es, wenn Kinder auf ihr reiten. Stimmt's, Timpi?«

»Und wie«, sagt Timpi und strahlt vor Freude. Nachdem ihr euch begrüßt habt, setzt dich Babuba vorsichtig auf Timpis Rücken. Es fühlt sich ein bisschen kühl an, aber auch angenehm weich. Fast so wie dein Kopfkissen, wenn du abends ins Bett gehst.

Ganz langsam gleitet Timpi jetzt mit dir durch die weiße Felslandschaft. Babuba bleibt natürlich immer in deiner Nähe. Auf Babuba kannst du dich wirklich verlassen.

Die anderen Wölkchen sind neugierig und wollen wissen, wer da auf Timpis Rücken sitzt. Ein Wölkchen nach dem anderen kommt angeflogen, lächelt dir kurz zu und schwebt dann wieder weg.

Nach ein paar Runden hebt dich Babuba wieder von Timpis Rücken. Bevor ihr euch verabschiedet, erzählt dir Timpi noch, dass es auf der Erde auch lebendige Wölkchen gibt. Allerdings sind sie sehr, sehr schüchtern und zeigen sich nur ganz selten. Aber Timpi verspricht dir, dass sie ihren Verwandten auf der Erde von dir erzählt. Also es kann gut sein, dass irgendwann einmal ein kleines Wölkchen bei dir durchs Fenster schaut oder dass sich Verwandtschaft von Timpi unter die anderen, normalen Wolken mischt und dir von oben zuzwinkert. Achte einfach mal darauf.

Ihr geht jetzt weiter. Und du merkst, dass sich Babuba auf etwas freut. »Erinnerst du dich«, sagt er, »von oben haben wir ja gesehen, dass der weiße Planet auch einige bunte Farbkleckse hat. Wir besuchen jetzt Filafee. Sie macht diese Farbtupfer.« Und wenig später steht ihr auch schon vor einem wackligen Holzzaun. Der Zaun ist nicht hoch, und du kannst ohne Probleme darübergucken: Du siehst einen Garten mit vielen schönen Blumen und Apfelbäumen. Dahinter leicht verborgen steht ein kleines Haus. Es hat Fensterläden, die so rot leuchten wie die Äpfel am Apfelbaum.

Als Babuba das schmale Gartentor öffnet, läuten ein paar helle Glöckchen, die an der Innenseite der Tür befestigt sind. Filafee hat euch gehört und kommt gleich auf euch zugeflogen. Filafee ist ja eine Fee – und Feen können natürlich fliegen. Aber das weißt du ja sicherlich schon.
Filafee hat am Rücken vier kleine, fast durchsichtige Flügel, die sich wie Propeller ganz schnell drehen. Damit kann sie super fliegen: schnell, langsam, hoch, tief, nach rechts, nach links. Alles ist möglich. Filafee ist etwas größer als du. Dir fallen sofort ihre lockigen blauen Haare auf. Sie hat eine Schiebermütze schräg aufgesetzt und trägt ein weißes Kleid, auf dem du ein paar Farbkleckse siehst. In ihrer rechten Hand hält sie einen kleinen Zauberstab.
Babuba und Filafee umarmen sich zur Begrüßung, und Babuba erzählt ihr, wer du bist und dass du auf der Erde lebst. Filafee guckt dich neugierig an. Ihr mögt euch gleich. »Toll, dass ihr hier seid. Ihr könnt mir gleich helfen. Ich bin gerade dabei, ein paar neue Farbkleckse zu machen«, sagt sie. Und ohne auf eine Antwort zu warten, dreht sie sich um und fliegt los. Ihr folgt ihr.
Hinter dem Haus liegt ein großer Haufen Erde. Ihr seht, wie Filafee mit ihrem Stab kurz die Erde berührt. Dabei murmelt sie ein paar Worte, die klingen wie *Fluppi-bunti-Flupp*. Dann nimmt sie mit ihrer anderen Hand ein bisschen Erde, wirft die Erde in die Luft, pustet: »Puuh-puuh.« Und auf einmal

schweben vor euch wunderschöne gelbe, weiße, rosa und lila Blumen. Filafee pustet noch einmal: »Puuhh«, und noch mal: »Puuhh«, und dann schweben die bunten Blumen langsam davon. Schon bald sind sie hinter den weißen Felsen verschwunden. »Irgendwo werden sie einen schönen Platz zum Wachsen finden und dort bleiben«, erklärt Filafee und winkt ihnen nach.

Das hat schon beim Zusehen Spaß gemacht! Und jetzt weißt du auch, warum du vorhin überall auf dem weißen Planeten bunte Farbkleckse gesehen hast. Das sind alles kleine Blumenbeete, die hier in Filafees Garten entstanden sind.

Jetzt bist du dran, versuch's einfach mal. Filafee hilft dir natürlich. Sie berührt mit ihrem Zauberstab den Haufen Erde, spricht die Zauberformel, die klingt wie *Fluppi-bunti-Flupp*, gibt dir ein bisschen Erde in die Hand, und dann wirfst du die Erde hoch in die Luft, pustest, so doll du kannst … und es funktioniert! Zwei kleine weiße Blümchen schweben vor dir in der Luft. Babuba klatscht vor Freude in die Tatzen.

»Toll, das hast du richtig prima gemacht.« Und weil es so gut geklappt hat, macht ihr gleich weiter. Zusammen mit Filafee erschaffst du ein paar wirklich schöne bunte Blumen. Das macht richtig Spaß.

Zum Schluss spendiert euch Filafee noch einen leckeren Apfelsaft, und dann heißt es Abschied nehmen vom weißen Planeten mit den bunten Klecksen.

Bevor ihr zur Erde zurückfliegt, schenkt dir Filafee noch einen Minizauberstab. Er ist nur halb so groß wie dein kleiner Finger und so dünn wie ein Haar.

„Du weißt ja jetzt, wie es geht«, sagt sie lachend und hält beide Daumen in die Höhe.
Glücklich und zufrieden kletterst du in Babubas großen Beutel. Wie immer hebt Babuba zum Start seinen linken Arm, zählt bis drei: Eins, zwei, drei – und schon fliegt ihr los. Du schaust hinunter und siehst, wie Filafee schon wieder neue Blumen entstehen lässt. Und du siehst auch noch mal Timpi und die anderen kleinen Wölkchen, wie sie langsam über die weißen Felsen gleiten.
Nach kurzer Zeit ist der weiße Planet mit den bunten Farbklecksen nur noch ein kleiner Punkt, und ihr seid wieder im Weltraum. Um dich herum sind viele Sterne, große und kleine. Du machst die Augen zu und fühlst dich richtig wohl.
In Babubas Beutel ist es kuschlig warm. Angenehm warm.

Die Wärme macht dich angenehm schwer und entspannt dich.
Spür mal, wie die Wärme dich ganz und gar umgibt.
Das ist sehr angenehm.
Du atmest ein und aus.
Mit jedem Atemzug wirst du ruhiger, immer ruhiger,
ganz entspannt, locker und zufrieden.

Du bist ganz ruhig;
angenehm schwer, angenehm warm.
Ganz entspannt, locker und zufrieden.

Dein ganzer Körper ist angenehm schwer;
angenehm warm,
ganz entspannt und locker.

Ihr fliegt weiter und weiter,
immer weiter Richtung Erde.
Du bist ganz ruhig und entspannt.
Angenehm warm, ganz entspannt und locker.

Ganz ruhig …
Angenehm entspannt und zufrieden.

Langsam nähert ihr euch wieder der Erde. Babuba fliegt jetzt an der Sonne vorbei, und dann siehst du auch schon die Erde, deine Heimat. Zuerst ist sie noch ganz klein, aber sie wird schnell immer größer. Du staunst, wie rund und blau die Erde von oben aussieht. Du erkennst die Kontinente, die blauen Ozeane, zum Teil verdeckt von großen weißen Wolken.

Langsam, ganz langsam schwebt ihr hinunter. Du kannst alles schon deutlich sehen: die Häuser, Bäume, Straßen und Autos. Und mit einem Mal bist du wieder zu Hause. Eine supersanfte Landung war das!

Babuba hebt dich aus seinem Beutel und setzt sich noch mal neben dich. Und nachdem er dir versprochen hat, dich bald

wieder zu besuchen, fliegt er zurück zu seinem Heimatplaneten Tum-Tum am Rande der Milchstraße.
»Tschüs, Babuba«, rufst du ihm noch hinterher.
In deiner Hand hältst du den kleinen Zauberstab, den dir Filafee zum Abschied geschenkt hat. »Fluppi-bunti-Flupp«, murmelst du glücklich.

Du lächelst, und du weißt, dass alles gut ist.

Babuba
und der Planet der tanzenden Bäume

Prima. Da ist Babuba ja wieder. Auf seinem dicken goldenen Fell leuchten viele rote Punkte, und am Bauch hat er einen großen Beutel. Wenn du Lust hast, kletterst du jetzt wieder in Babubas Beutel und fliegst mit ihm zu einem fernen Planeten im Universum. Du kannst natürlich auch wieder dein Lieblingsstofftier, eine Kuscheldecke oder ein kleines Kissen mitnehmen. Mach es dir richtig schön gemütlich.
Zum Start streckt Babuba wieder seinen linken Arm in die Luft, zählt bis drei und wünscht sich dann aus dem Haus hinaus. Wenn du willst, kannst du mitzählen. Also: Eins, zwei, drei – und los!
Wow, es hat geklappt. Ihr seid aus dem Haus hinausgeflogen und schwebt über den Dächern der Stadt. Du siehst unter dir Häuser, Straßen, Autos und Bäume im Sonnenlicht. Ganz schön viel Betrieb da unten! Das lasst ihr jetzt alles hinter euch. Du spürst den Wind in deinen Haaren und fühlst dich richtig wohl.

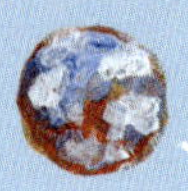

Langsam fliegt ihr immer höher. Die Häuser, Straßen und Bäume werden immer kleiner. Ihr fliegt höher und höher. Immer höher. Die Erde liegt jetzt unter euch. Du siehst die blauen Ozeane, die weißen Wolken und auch die Kontinente. Irgendwo dort unten lebst du.
Ihr seid jetzt im Weltraum. Du fühlst dich leicht und staunst über die vielen Sterne. Da sind große und kleine, helle und weniger helle Sterne. Manche sind in deiner Nähe, andere sind ganz weit weg. Du schaust zurück und siehst die Erde nur noch als kleinen blauen Punkt.

Ihr fliegt weiter und weiter, und du kuschelst dich in Babubas Beutel ein. Bei Babuba bist du sicher und geborgen. Ihr beide seid ein tolles Team. Du spürst, wie Babuba ein- und ausatmet und dabei leise brummt. Das macht er ja immer, wenn er richtig glücklich und zufrieden ist.

Und auch du kannst deinen Atem spüren.
Er kommt und geht, er strömt ein und aus,
ganz ruhig und gleichmäßig, ganz von allein.
Er strömt in deine Nasenlöcher rein und wieder raus,
deine Brust hebt und senkt sich,
auch dein Bauch hebt und senkt sich.

Du merkst, wie leicht und schön es ist, auszuatmen
und beim Ausatmen alle Luft loszulassen.
Sie verschwindet einfach im Weltraum.

Ihr fliegt immer weiter, immer weiter durch den Weltraum.
Du atmest ein und aus.
Dein Atem kommt und geht,
und du fühlst dich einfach wohl.

»Da! Da ist es! Ich hab es gefunden«, ruft Babuba plötzlich und zeigt mit seiner Tatze auf ein paar Sterne, die wie ein Pfeil angeordnet sind. »Der Pfeil zeigt mir, wo der Planet ist, den ich heute mit dir besuchen will. Er ist nämlich hinter einer Nebelwand verborgen. Deshalb ist er nicht zu sehen.« Babuba streckt jetzt seine Arme zur Seite hin aus – so als ob er auf einem Skateboard stehen würde –, und ihr saust in Richtung des unsichtbaren Planeten. Schon kurze Zeit später ist die Nebelwand direkt vor euch. Sie sieht fast so aus wie eine

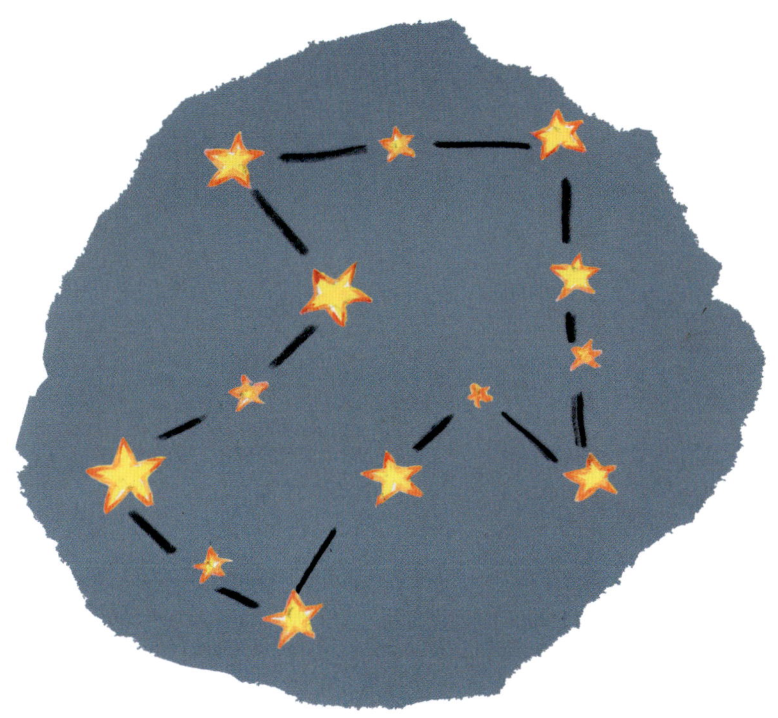

dünne, beinahe durchsichtige Gardine am Fenster. Nur eben viel, viel größer.

»Bist du bereit?«, fragt Babuba. »Wir fliegen jetzt ganz schnell durch den Nebel. Es ist überhaupt nicht gefährlich, aber wenn du willst, mach einfach kurz deine Augen zu.« Und kaum hat es Babuba gesagt, seid ihr auch schon mittendrin im Nebel. Du hörst ein leises Summen, spürst, wie dein Gesicht angenehm kühl wird, und schon seid ihr auf der anderen Seite. Und da ist auch der Planet, den ihr heute besuchen wollt.

Babuba fliegt in einem großen Bogen um den Planeten herum, so dass du ihn dir schon einmal von oben anschauen kannst: Du siehst unter dir kleine Berge, weite Wiesen mit bunten Blumen. Du siehst grüne Wälder und auch einen See, in dem ein paar große Bäume stehen. »Auf dem Planeten ist alles ein wenig anders«, sagt Babuba, während er sich auf die Landung vorbereitet. »Du wirst schon sehen.« Langsam gleitet ihr jetzt hinunter und landet dann sicher am Ufer des Sees. »Das hier ist der See der tanzenden Bäume«, erklärt dir Babuba. »Beobachte einfach mal die Bäume in der Mitte des Sees. So etwas hast du bestimmt noch nicht gesehen. Auf der Erde gibt es solche Bäume nämlich nicht.« Und es stimmt: Die großen Bäume im See bewegen sich wirklich. Ganz langsam gehen sie aufeinander zu, wie in Zeitlupe.

Wenn du wieder zu Hause bist, kannst du ja auch mal versuchen, dich so langsam wie die großen Bäume zu bewegen. Probiere es doch einfach mal mit deinen Freundinnen oder Freunden, deinen Geschwistern oder deinen Eltern aus. Sich ganz langsam zu bewegen, ganz langsam zu gehen, macht richtig Spaß.
Die großen Bäume im See haben jetzt einen Kreis gebildet. Sie stehen so dicht zusammen, dass sich ihre Äste berühren. Langsam beginnen sie nun, sich im Kreis zu drehen. Das sieht fast so aus, als ob die großen Bäume im See tanzen – wie Babuba gesagt hat.

Nachdem sich die Bäume zweimal im Kreis gedreht haben, bewegen sie sich wieder voneinander weg. Ganz, ganz langsam. Durch die Bewegung der Bäume werden kleine Wellen ausgelöst, die sanft ans Ufer plätschern. Die Bäume haben dich und Babuba jetzt gesehen, und sie grüßen euch freundlich, indem sie kurz ihre Zweige heben. Richtig liebe Bäume sind das. Toll.

Nur wenige Meter von euch entfernt steht ein großes Fernrohr. Mit einem Fernrohr kannst du Dinge sehen, die weit weg sind. Es sieht dann aus, als ob sie ganz nah wären. Mit diesem Fernrohr hier kannst du sogar noch viel weiter und besser gucken. Es ist nämlich ein Zauberfernrohr. Damit kannst du jeden einzelnen Stern, jeden Planeten, jeden Mond im Universum ganz genau betrachten. Du erkennst dort jede Einzelheit.

Babuba hat das Fernrohr so eingestellt, dass du den weißen Planeten mit den bunten Farbklecksen sehen kannst. Und es ist kaum zu glauben: Als du durch das Zauberfernrohr guckst, kannst du wirklich Filafee erkennen. Sie steht hinter ihrem Haus mit den roten Fensterläden und zaubert gerade wieder bunte Blumen. Sie sieht noch genauso aus wie bei eurem Besuch: Unter der Schiebermütze gucken ihre lockigen blauen Haare hervor. Sie trägt das weiße Kleid, auf dem wieder ein paar Farbkleckse zu sehen sind, und in der Hand hat sie ihren kleinen Zauberstab. Ist das cool!

Babuba dreht das Zauberfernrohr noch ein bisschen weiter nach links, und auf einmal kannst du den Heimatplaneten von Toni Traumtiger sehen. Toni sieht noch genauso aus wie bei eurem Besuch: goldbraunes Fell mit dunklem Tigerstreifenmuster, fröhliche, liebe Augen und pelzige Tatzen. Durch das Zauberfernrohr kannst du sehen, wie Toni versucht, am Strand vor seiner Höhle Traumschnuppen aufzufangen. Traumschnuppen entstehen, wenn Sterne niesen müssen. Das passiert ab und zu mal, und dann fallen kleine leuchtende Traumschnuppen vom Himmel.

Als Toni merkt, dass du ihn beobachtest, winkt er dir fröhlich zu. Und du winkst natürlich zurück und streckst deinen Daumen in die Höhe, so dass Toni erkennen kann, dass es dir gut geht. Du beobachtest Toni noch ein bisschen beim Traum-

schnuppenfangen, und dann geht ihr weiter, um euch hier auf diesem Planeten weiter umzuschauen.
Babuba und du, ihr seid jetzt auf einem kleinen Sandweg, der sich durch eine hüglige Landschaft schlängelt. Um euch herum sind Wiesen voller Gräser und kleiner bunter Blumen. Du siehst Schmetterlinge, die von Blüte zu Blüte flattern, siehst knorrige, alte Obstbäume mit reifen Äpfeln und Birnen. Du hörst Vögel zwitschern, das leise Summen von Bienen, und du hörst auch den Wind, wie er sanft über die Gräser der Wiese streicht. Ist das schön hier!
Auf einmal hast du das Gefühl, schwerelos zu sein. Und es stimmt, leicht wie ein Luftballon schwebst du über dem Boden. Auch Babuba ist ganz leicht. Sicherheitshalber nimmt er deine Hand. Toll, auf Babuba kannst du dich immer verlassen.
Ihr schwebt weiter. »Daran könnte ich mich wirklich gewöhnen«, sagt Babuba und lacht: »So ist Laufen überhaupt nicht anstrengend.« Der Weg, auf dem ihr euch befindet, macht jetzt eine Kurve nach rechts und dann wieder nach links. Und plötzlich habt ihr wieder euer normales Gewicht. Nach dem Schweben fühlt sich das Gehen erst mal ein wenig ungewohnt an. Aber das legt sich schnell wieder.
Babuba hat im ganzen Universum viele Freunde. Und dazu gehören auch die drei großen Steine, die ihr jetzt trefft. Sie haben ungefähr Babubas Größe. Vielleicht sind sie ein bisschen

breiter als er. Wenn du genau hinguckst, siehst du, dass die Steine ein Gesicht haben – also Augen, Nase und Mund. Nur ist ihr Gesicht nicht oben, wie bei uns Menschen, sondern in der Mitte. Das heißt, wenn du dich vor sie stellst, sind Augen, Nase und Mund genau auf deiner Höhe. Die Steingesichter erinnern dich an lachende Smileys.

»Darf ich vorstellen. Das sind Tiff, Tuff und Taff. Die einzigen sprechenden Steine im Universum«, verkündet Babuba mit einer schwungvollen Handbewegung. »Allerdings brauchst du viel Zeit, um dich mit ihnen zu unterhalten«, fügt er hinzu. »Denn sie sprechen ganz, ganz langsam. Gerade mal ein Wort am Tag.«

Es stimmt. Bevor ein Stein gesagt hat:

Mir geht es heute

Morgen richtig gut, ist eine ganze Woche vergangen. Sieben Tage für einen einzigen kurzen Satz. Letztens haben sich die drei Steine ein Jahr lang über die Weltraum-Fußball-Meisterschaft unterhalten. Verrückt, oder?! Dass sie sich nur so langsam unterhalten können, macht ihnen aber überhaupt nichts aus. Denn sie haben jede Menge Zeit. Keiner treibt sie an. Babuba vermutet sogar, dass die drei großen Steine in den nächsten Jahren noch langsamer sprechen werden. Also vielleicht brauchen sie dann irgendwann mal für ein Wort nicht nur einen Tag, sondern zwei oder drei Tage. Ihr verabschiedet euch jetzt von den drei Steinen: »Tschüs, Tiff, Tuff und Taff«, wartet aber nicht, bis sie euch geantwortet haben. Denn das würde einfach zu lange dauern.

Babuba möchte dir jetzt noch einen ganz besonderen Ort zeigen. Damit du nicht so viel laufen musst, darfst du auf seinen Schultern sitzen. Das ist superlieb von ihm. Du genießt das leichte Schaukeln. In einiger Entfernung siehst du jetzt eine schöne weiße Wolke am Himmel. Sie scheint sich nicht zu bewegen – als ob sie auf euch wartet. Gleichzeitig hörst du auch leise Töne. Und je näher ihr der weißen Wolke kommt, desto deutlicher hörst du die Töne. Du siehst jetzt, dass von der Wolke leuchtende Fäden bis fast auf die Erde herunterhängen.

Die Fäden bewegen sich leicht im Wind, schwingen hin und her, und immer wenn sie sich berühren, entstehen leise Töne genau wie bei einem Klangspiel. Manche sagen dazu auch Windspiel.

»Wenn du magst, kannst du die Fäden auch berühren«, sagt Babuba. »Ja, du kannst sogar auf ihnen spielen, wie auf einer

Gitarre. Am besten, du nimmst deinen Zeigefinger.« Babuba zeigt dir, wie es geht, und du probierst es gleich mal aus. Und es klappt. Super! Du hörst einen leisen Ton. Und dann noch einen. Und noch einen. Und nach und nach entsteht eine kleine Melodie – deine Melodie. Babuba freut sich über die schöne Melodie: »Immer wenn du dich beim Einschlafen an die Melodie erinnerst, dann träumst du was Schönes«, verspricht er dir, und dabei brummt er ganz entspannt.

Nun wird es Zeit, nach Hause zu fliegen. Glücklich und zufrieden kletterst du in Babubas großen Beutel. Wie immer hebt Babuba zum Start seinen linken Arm, zählt bis drei: Eins, zwei, drei – und schon fliegt ihr los.

Babuba fliegt langsam höher und höher. Du schaust nach unten und siehst noch einmal die tanzenden Bäume im See, die jetzt wieder einen Kreis gebildet haben. Da sind auch die drei sprechenden Steine. Und wenn du rechts zur Seite schaust, siehst du auch noch mal die weiße Wolke mit den dünnen, leuchtenden Fäden.

Als ihr kurze Zeit später durch den Nebel fliegt, hörst du wieder ein leises Summen und spürst für einen Moment eine angenehme Kühle auf deiner Stirn.

Ihr seid jetzt wieder im Weltraum. Um dich herum sind viele Sterne – große und kleine. Du machst die Augen zu und fühlst dich richtig wohl. In Babubas Beutel ist es kuschlig warm. Angenehm warm.

Die Wärme macht dich angenehm schwer
und entspannt dich.
Spür mal,
wie die Wärme dich ganz und gar umgibt.
Das ist sehr angenehm.
Du atmest ein und aus.
Mit jedem Atemzug wirst du ruhiger,
immer ruhiger,
ganz entspannt, locker und zufrieden.

Du bist ganz ruhig;
angenehm schwer,
angenehm warm.
Ganz entspannt, locker und zufrieden.

Dein ganzer Körper ist angenehm schwer;
angenehm warm,
ganz entspannt und locker.

Ihr fliegt weiter und weiter,
immer weiter Richtung Erde.
Du bist ganz ruhig und entspannt.

Ganz ruhig …
Angenehm entspannt und zufrieden.

Babuba fliegt jetzt an der Sonne vorbei, und dann siehst du auch schon die Erde, deine Heimat. Zuerst ist sie noch ganz klein, aber sie wird schnell immer größer. Du staunst, wie rund und blau die Erde von oben aussieht. Du erkennst die Kontinente, die blauen Ozeane, zum Teil verdeckt von großen weißen Wolken.

Langsam, ganz langsam schwebt ihr hinunter. Du kannst alles schon deutlich sehen: die Häuser, Bäume, Straßen und

Autos. Und mit einem Mal bist du wieder zu Hause. Eine supersanfte Landung war das!
Babuba hebt dich aus seinem Beutel und setzt sich noch mal neben dich. Und nachdem er dir fest versprochen hat, dich bald wieder zu besuchen, fliegt er zurück zu seinem Heimatplaneten Tum-Tum am Rande der Milchstraße.
»Tschüs, Babuba«, rufst du ihm noch hinterher. In deinem Kopf hast du die schöne Melodie – deine Melodie.

Du lächelst, und du weißt, dass alles gut ist.

Erschienen bei Fischer Sauerländer

Umschlaggestaltung: Dahlhaus & Blommel Media Design, Vreden
Umschlagabbildung: Henning Löhlein
Satz: Dahlhaus & Blommel Media Design, Vreden
Druck und Bindung: Druckerei Dimograf Sp. z o.o.
Printed in Poland
ISBN 978-3-7373-7214-5